네비게이토
주제별 성경 암송
제1권

네비게이토 선교회는
국제적이며 복음적인 기독교 기관이다.
예수 그리스도께서는 자기를 따르는 자들에게
“너희는 가서 모든 족속으로 제자를 삼으라”
(마태복음 28:19)는 지상사명을 주셨다.
네비게이토 선교회는 세계 모든 국가에서
예수 그리스도의 일꾼들을 배가시켜
이 지상사명의 성취를 돕는 것을
근본 목표로 하고 있다.

네비게이토 출판사는
네비게이토 선교회의 문서 선교를 담당하고 있다.
본 출판사에서는 그리스도인의 영적 성장을 돕는
서적과 자료들을 출판하여,
그리스도인의 삶의 기초가 견고한
헌신된 제자로 성장하게 하고,
나아가 성숙한 인격과 지도력을 갖춘
일꾼이 되도록 돕고 있다.

네비게이토
주제별 성경 암송
제1권

"오늘날 내가 네게 명하는 이 말씀을 너는 마음에 새기고"
신명기 6:6

네비게이토 출판사
TO KNOW CHRIST AND TO MAKE HIM KNOWN

차 례

성경 암송의 중요성

성경은 평범한 책이 아닙니다. 성경은 인류에게 하신 하나님의 말씀입니다. 성경은 이 지구 상의 모든 사람, 모든 세대, 모든 민족을 위한 책입니다. 그것은 시편 기자가 시편 119:89에서 선포했듯이 영원불멸의 책입니다. "여호와여, 주의 말씀이 영원히 하늘에 굳게 섰사오며."

사도 베드로는 1세기의 신자들에게, 그리스도 안에서의 새로운 출생에 대하여 이렇게 말했습니다. "너희가 거듭난 것이 썩어질 씨로 된 것이 아니요 썩지 아니할 씨로 된 것이니, 하나님의 살아 있고 항상 있는 말씀으로 되었느니라"(베드로전서 1:23). 이어 그는 이사야 40:6,8을 인용하여 다음과 같이 말했습니다. "모든 육체는 풀과 같고 그 모든 영광이 풀의 꽃과 같으니, 풀은 마르고 꽃은 떨어지되 오직 주의 말씀은 세세토록 있도다."

그러므로 이 영원한 하나님의 말씀으로 거듭난 우리는 또한 이 말씀에 의해 삶을 살아야 마땅합니다. 다시 말하면, 이 말씀의 진리를 배워 매일의 삶에 적용해야 하는 것입니다. 이것은 그리스도인의 삶에서 대단히 중요합니다.

누가복음 24장의 사건을 기억하실 것입니다. 이것은 십자가 사건이 일어난 후의 일입니다. 두 명의 제자가 슬픈 빛을 띠고 엠마오라는 마을로 가다가 부활하신 주님을 만났습니다. 그들은 처음에는 그분이 주님이신 줄 알아보지 못했습니다. 날이 저물어 그들이 식탁에 함께 앉았을 때 그들의 눈이 열려 그분이 주님이신 것을 알아보게 되었습니다. 주님께서 떠나신 후 그들은 이렇게 말했습니다. "길에서 우리에게 말씀하시고 우리에게 성경을 풀어 주실 때에 우리 속에서 마음이 뜨겁지 아니하더냐?"(32절).

이 사건을 깊이 생각해 보십시오. 부활하신 주님께서 덥고 먼지 나는 길을 함께 걸어가시면서 낙심한 두 제자와 일종의 성경공부를 하실 정도로 성경 말씀이 중요한 것이라면, 현대에 사는 우리가 그분의 말씀으로부터 가능한 모든 것을 배우는 것이 어찌 중요하지 않겠습니까? 이 분주하고 컴퓨터화된 21세기에 사는 많은 사람들은 이렇게 말합니다. "아, 그런데, 나는 성경을 볼 시간이 없어요. 할 일이 많습니다. 가족들도 많은 것을 요구하지요. 관여하고 있는 일도 많고요. 레크리에이션이나 휴식 시간도 가져야 하지 않습니까?" 물론, 어디에다 시간을 쓸 것인가는 당신이 결정할 일입니다. 당신만이 당신의 우선순위를 결정할 수 있습니다. 그러나 오늘날 우리의 문제는, 정말 우리에게 가장 중요한 일이 아니라, 그 순간 우리에게 가장 압력을 가하고 있는 일, 또는 가장 관심과 노력을 요구하고 있는 일을 하려고 한다는 것입니다. 당신은 어떻습니까?

성경 암송의 경우도 그렇습니다. 많은 사람들이 이렇게 말합니다. "나는 시간이 없습니다." 그들은 성경 암송 하면, 대개 오랫동안 의자에 앉아서 성경을 한 장씩 외어 나가는 것을 연상합니다. 이것은 잘못된 생각입니다. 당신에게 한 가지 좋은 소식을 알려 드립니다. 성경 암송은 그렇게 시간을 많이 요구하지 않는다는 것입니다. 특히 당신이 시간을 지혜롭게 투자하며 효과적인 암송 계획을 사용한다면 적은 시간으로도 할 수 있습니다.

네비게이토 선교회의 창시자인 도슨 트로트맨은 이렇게 말했습니다. "하나님의 말씀을 여러분의 마음에 새기는 것, 즉 성경 암송보다 투자된 시간당 더 큰 이익 배당을 받을 만한 방법은 없습니다." 또 한번은 이렇게 말했습니다. "새 신자가 영적으로 성장하려면 말씀을 섭취해야 하는데, 하나님의 말씀을 마음 판에 새기는 것보다 더 좋은 방법은 없습니다. 성경 암송은 새 신자로 하여금 가장 빨리 영적으로 성장하도록 도와줍니다."

그렇다고 해서, 성경을 읽거나 공부할 필요가 없다는 말은 아닙니다. 또 하나님의 말씀을 듣는 것을 무시하거나 소홀히 여기라는 것도 아닙니다. 도슨은 자신이 그리스도께 인도하고 영적으로 성장하도록 도와준 많은 사람들의 삶을 지켜보면서, 성경 암송이 가장 직접적인 유익을 준다는 것을 경험한 것입니다.

나의 경험을 말씀드리고자 합니다. 오래 전 군대에 있을 때, 나는 동료로부터 성경 말씀이 적힌 카드 몇 장을 받았습니다. 그는 나에게 그 구절을 읽고 외어 보라고 했습니다. 나는 시간이 많은 것 같아서 거절하지 않고 받아서 외었습니다. 그 당시 나는 성령께서 그 말씀들을 사용하여 나를 그리스도께로 인도하시리라고는 생각지 못했습니다. 한 주 두 주 시간이 가면서 나는 성경 말씀을 암송하는 것에 재미를 느끼게 되었습니다. 나는 그가 준 것을 다 외었습니다. 그는 내게 네비게이토 암송 과정 전체를 소개해 주었습니다. 몇 가지 지도와 도움을 받으면서 나는 하나님의 말씀을 나의 마음속에 새겨 나갔고, 그것은 그 이후 나의 삶에서 하나의 즐거운 모험이 되었습니다. 많은 사람들이 이 세상에서 하나님의 자녀로서 합당한 삶을 살아가는 데 있어서 성경 암송이 아주 중요하다는 것을 깨달았습니다.

제시 밀러의 간증을 기억할 것입니다. 그는 제2차 세계

대전 중 필리핀에서 일본군의 포로가 되어 온갖 고생을 다 하다가 살아남은 사람들 중 하나입니다. 그는 그 당시의 경험을 이렇게 말했습니다. "일본군은 나의 성경책을 가져갔습니다. 차라리 내 오른팔을 잃는 것이 더 나았습니다. 바로 그때 성경 말씀을 암송해 둔 것이 내게 큰 축복이 되었습니다. 나는 포로수용소에서 성경 없이도 성경공부 그룹을 인도할 수 있었습니다. 하나님의 말씀을 마음속에 간직해 두었기 때문입니다." 한번은 이렇게 말했습니다. "하나님의 말씀이 내 마음에 새겨져 있지 않았더라면 나는 삶을 지속할 수 없었을 것입니다. 거듭거듭 계속되는 위험하고 고통스런 순간마다 암송한 말씀들이 생각났고, 내게 큰 힘을 주었습니다. 나는 나와 함께하시는 예수님의 위로를 경험했습니다. 나는 고통 가운데서, 예수님께서 마태복음 4장에서 인용하신 신명기의 말씀이 참되다는 것을 깊이 깨달았습니다. '사람이 떡으로만 살 것이 아니요, 하나님의 입으로 나오는 모든 말씀으로 살 것이라.'"

또, 한국동란 중 많은 아군 포로들이 중공군의 세뇌에 시달려 굴복해 버렸지만, 성경 말씀을 암송한 사람들은 그러한 시련 속에서도 능히 자신의 믿음을 지킬 수 있었다고 합니다.

또, 최근의 일로는, 월남 전쟁으로 인한 전쟁 포로들이

겪은 고통에 대하여 들은 적이 있습니다. 나는 월맹 포로 수용소에서 7년간 있다가 석방된 제리 싱글턴 소령과 그의 석방 직후 잠시 대화하는 기회가 있었습니다. 포로들은 성경 말씀이 그들의 생존을 위해 필수불가결한 것임을 발견했다고 그는 말했습니다. 많은 사람들에게 있어서, 그들로 하여금 제정신을 유지하도록 해준 것은 성경 말씀뿐이었습니다. 그들은 대나무로 펜을 만들고, 잿물로 잉크를 만들어, 암송했었던 성경 말씀들을 화장지에 적어서 신발이나 옷 속에 감추었다가, 보초의 눈을 피해 돌아가며 읽고 암송했다고 합니다. 그들에게는 그 말씀들이 너무도 귀중했습니다. 몇 년 후 월맹 당국은 한 번에 몇 시간 동안만 영어성경을 한 권 주고 볼 수 있게 해주었습니다. 포로들은 희미한 불빛 아래 다 모여 들어, 돌아가며 큰 소리로 성경을 읽었다고 합니다.

이런 경우를 생각해 보십시오. 정부가 갑자기 모든 성경과 기독교 신앙에 관한 모든 서적과 테이프, 그리고 찬송가 등을 압수한다고 발표했다고 해보십시오. 그리고 당신 집에 들어와 기독교에 관계된 모든 것을 다 가져갔다고 해봅시다. 당신은 하나님의 말씀에 굶주릴 것입니다. 당신은 영적으로 굶어 죽어 갈 것입니다. 그러나 당신이 성경 말씀을 안전하게 간직해 둘 수 있는 곳이 하나 있습니다. 아무도 거기에 있는 말씀은 빼앗아 갈 수 없습니다. 그곳은 바로 당신의 마음입니다. 당신의 마음에 새겨 둔 하나님의 말씀은 아무도 빼앗아 갈 수 없습니다. 그래서 성경 암송이 그토록 중요한 것입니다.

성경 암송을 성공적으로 해온 사람들은 아무도 암송이 쉽다고 말하지는 않습니다. 당신이 성경을 읽거나 공부하거나 암송하려 할 때는 언제나 방해에 부딪히게 됩니다. 세상은 그리스도인들을 거슬러 대항합니다. 그리스도인들로 하여금 하나님의 말씀을 섭취하지 못하게 막습니다. 처음부터 우리에게는 적이 있습니다. 곧 사탄입니다. 사탄은 하나님의 말씀을 몹시 싫어하며, 온갖 수단과 방법을 다하여 당신이 성경을 가까이하지 못하도록 방해할 것입니다.

마태복음 4:1-11을 잘 알 것입니다. 예수님께서 광야에서 마귀에게 시험을 받으시는 내용입니다. 예수님께서 40일을 밤낮으로 금식하신 후, 시험하는 자가 예수님께 나아와서, 특별한 기적을 행함으로써 그가 하나님의 아들이심을 증명해 보라고 유혹하였습니다. 매번 예수님께서는 "기록되었으되" 하고 하나님 아버지의 말씀을 인용하심으로써 마귀에게 대답하셨습니다. 각 구절은 주의 깊게 선택되었습니다. 예수님께서는 이 말씀들을 가지고 사탄을 꾸짖었습니다. 마침내, 11절에 보면, "이에 마귀는 예수를 떠났다"고 기록되어 있습니다.

사탄이 이후에 어디에서 무엇을 했을지 생각해 본 적이 있습니까? 아마 그는 자기의 본부로 돌아와 머리를 싸매고 의기소침해 있었을 것입니다. 그리고 그는 고심하며 새로운 방법을 연구했을 것입니다. 드디어 그는 그의 참모진들을 불러 모아 놓고 말했을 것입니다. "여러분, 그리스도인으로 하여금 하나님의 말씀을 암송하지 못하게 하지 않는 한 우리의 모든 전략은 수포로 돌아갈 것입니다. 그러므로 그리스도인이 성경 말씀을 암송하지 못하게 총력을 기울입시다."

나는 사탄이 상당히 성공했다는 생각이 듭니다. 사탄이 어떻게 하느냐고요? 그는 그리스도인으로 하여금, '나는 암송을 잘 못해', 또는 '나는 암송을 할 수 없어. 나는 기억력이 나빠 너무 쉽게 잊어 버려', 또는 '나는 너무 바빠서 성경 암송을 할 시간이 없어'라고 생각하게 합니다.

그러나 보십시오. 당신도 암송을 잘할 수 있습니다. 당신은 자신의 이름을 기억하고 있습니다. 또 당신의 주소, 그리고 많은 전화번호들을 외고 있습니다. 당신은 의식적으로 외지는 않았지만, 많은 정보들을 기억하고 있습니다. 당신이 무엇을 기억하고 무엇을 잊어버릴 것인가를 결정하는 두 가지 기초가 있습니다.

첫째, 당신은 당신에게 중요한 것은 기억한다는 것입니다. 의지의 행위에 의해, 당신은 의식적으로 당신의 기억은행에 어떤 정보를 집어넣습니다. 당신이 그 정보를 사용하다가 그 정보가 더 이상 필요 없게 되면 그것을 잊어버립니다. 즉 무의식 속에 저장합니다.

둘째로, 당신은 의식적으로 습득하지는 않았지만, 여러 번 반복해서 듣거나 사용한 것은 기억합니다. 예를 들어, "반짝 반짝 작은 별" 하고 나서, 그 다음이 무엇이냐고 물으면, 아마 거의 모든 사람들이 "아름답게 비치네"라고 대답할 것입니다. 언제 그것을 외었습니까? 아마 대부분 어린 시절에 자주 들었을 것이며, 그래서 자연스럽게 그것이 우리의 기억에 남게 되었을 것입니다.

그리스도인이 성경 암송을 하지 못하도록 하기 위해 사용하는 사탄의 또 한 가지 전술은 그리스도인으로 하여금 '평범한' 그리스도인의 삶으로 만족하게 만드는 것입니다. 사탄은 우리로 하여금 탁월한 수준이 아닌 낮은 수준으로 만족하게 만듭니다. 특히 하나님의 말씀을 우리의 삶에 적용하는 데 있어서 그렇습니다. 우리가 성경 암송을 하려 할 때, 사탄은 우리로 하여금 좀 쉬었으면 하는 마음을 품게 하거나, 마음을 여러 곳에 빼앗겨 집중하지 못하게 합니다. 예수님께서는 이렇게 말씀하셨습니다. "이들은 말씀을 듣되, 세상의 염려와 재리의 유혹과 기타 욕심이 들어와 말씀을 막아 결실치 못하게 되는 자요"(마가복음 4:18-19).

이것이 바로, 성경 암송을 할 때 첫 시작을 잘하는 것이 그토록 중요한 이유입니다. 경주를 하는 사람이 첫출발을 마지못해 반마음으로 한다면 경주에서 결코 이길 수 없습니다. 나는 성경 암송을 시작한 사람은 많이 만났으나, 일생토록 계속하는 사람은 별로 만나 보지 못했습니다.

좋은 암송 습관을 기르기 위해서는 시간과 노력이 요구됩니다. 네비게이토 출판사에서 나온 '주제별 성경 암송' 과정은 좋은 암송 습관을 기르는 데 큰 도움을 줄 것입니다. 특히 첫출발을 잘하도록 도와줄 것입니다. 기초를 잘 쌓으십시오. 다음은 좋은 암송 습관을 기르기 위한 몇 가지 제안입니다.

1. 그 구절의 주제를 함께 외십시오. 당신의 삶과 그 구절을 연관시키는 데 도움이 됩니다.
2. 문맥을 공부하십시오. 그러면 그 구절의 의미를 이해하는 데 도움이 되고, 새로운 깨달음을 얻게 될 것입니다.
3. 카드를 사용하십시오. 카드에 적어 가지고 다니면 틈틈이 나는 시간들을 이용하여 암송하고 복습할 수 있습니다.
4. 다른 사람과 함께 하십시오. 그 구절에 대해 함께 이야기할 뿐 아니라, 서로 암송을 점검해 줌으로써 서로 격려가 됩니다. 욀 때는 본문 전후에 장절을 꼭 반복하십시오.

5. 글자 하나까지 완벽하게 외십시오. 이렇게 수준을 높게 설정하면 처음 욀 때 대충 외지 않게 됩니다. "잘 시작하면 반은 끝난 것이다"라는 말을 기억하십시오. 일단 그 구절을 외었으면, 그 카드를 가지고 다니면서 틈이 날 때마다 복습하십시오.
6. 친구들과 그 말씀들을 나누십시오. 예를 들어, 점심시간이라든가, 휴식 시간이라든가, 또는 전화를 걸 때 등등. 잠자리에 들어서는 하나님의 말씀을 생각하며 잠을 청하십시오.

위에서 소개한 것은 하나의 원리에 불과합니다. 암송한 것을 유지하는 기초는 반복해서 복습하는 것입니다. 암송의 성공 비결은 '복습! 복습! 복습!'이라고 말할 수 있습니다.

당신은 성령께서 암송한 구절들을 마음에 떠오르게 하는 것을 하루에도 여러 번 경험하고 놀랄 것입니다. 때로 복음을 전할 때, 하나님께서 당신의 생각을 때에 맞는 말씀으로 인도하실 것입니다. 잠언 22:17-18에서 이렇게 말합니다. "너는 귀를 기울여 지혜 있는 자의 말씀을 들으며, 내 지식에 마음을 둘지어다. 이것을 네 속에 보존하며 네 입술에 있게 함이 아름다우니라." 당신은 암송한 성경 말씀을 매일의 삶에서 사용할 수 있습니다. 주님과 교제 가운데 살고 있는 대부분의 그리스도인들은 다른 사람에게 그리스도를 전하기 원할 것입니다. 우리는 그리스도의 증인입니다. 그리고 우리는 효과적으로 증거를 하기 원합니다. 그 한 가지 방법이 복음의 핵심이 되는 성경 구절들을 뽑아 암송하는 것입니다. 그러면 베드로전서 3:15에서 권면하고 있는 것처럼, 당신이 가진 소망에 관한 이유를 묻는 사람들에게 대답할 준비를 갖추게 될 것입니다.

당신이 암송한 말씀들은 당신의 마음에 간직되어 있는—"네 속에 보존되어 있는"—하나님의 진리의 화살들에 비유할 수 있습니다. 필요할 때면 성령께서 이 화살 중 하나를 취하여 활에 재어—"네 입술에 있게 하여"—당신이 증거하는 사람의 마음을 향해 그것을 쏠 것입니다. 하나님의 말씀이 어떤 사람의 삶 속에서 역사하는 것을 보는 것은 신나는 일이 아닙니까? 당신은 자신의 아이디어와 지혜에 의지할 필요가 없습니다. 이사야 선지자가 말했듯이, 우리는 하나님의 말씀의 도움과 격려를 받을 수 있습니다. "주 여호와께서 학자의 혀를 내게 주사 나로 곤핍한 자를 말로 어떻게 도와줄 줄을 알게 하시고…"(이사야 50:4). 오늘날 곤핍한 가운데 살아가고 있는 사람들이 많습니다. 그들은 낙심되어 있고 소망이 없습니다. 그들에게 필요한 것은 오직 때에 맞는 한 마디의 말입니다. 그것은 곧 하나님의 말씀입니다.

하나님의 말씀을 당신의 마음에 간직할 때 얻는 또 하나의 유익은 영적 성장과 격려입니다. 예레미야 선지자의 말을 기억하십시오. "만군의 하나님 여호와시여, 나는 주의 이름으로 일컬음을 받는 자라. 내가 주의 말씀을 얻어 먹었사오니, 주의 말씀은 내게 기쁨과 내 마음의 즐거움이오나"(예레미야 15:16). 그는 말씀 안에서 영양분을 발견했습니다. 그는 그 말씀 안에서 기쁨과 격려를 발견했습니다. 그리고 당신도 역시 그 말씀들을 마음에 간직할 때에 그렇게 될 수 있습니다.

또, 암송한 하나님의 말씀은 우리가 계속 거룩한 삶을 살아가도록 도와줍니다. 그리스도 안에 있는 신자는 매일의 삶에서 많은 유혹과 시험에 직면합니다. 시편 기자도 그것을 경험했고, 그래서 이렇게 썼습니다. "청년이 무엇으로 그 행실을 깨끗케 하리이까? 주의 말씀을 따라 삼갈 것이니이다. 내가 주께 범죄치 아니하려 하여 주의 말씀을 내 마음에 두었나이다"(시편 119:9,11).

잊지 마십시오. 적 사탄은 당신을 대적하여 싸울 것입니다. 그는 당신을 실망시키려고 할 것입니다. 그것은 하나의 싸움입니다. 그러나 그것은 육적인 싸움이 아니요 영적인 싸움입니다(고린도후서 10:4-5). 지금 성경 암송을 시작하도록 하십시오. 당신이 성경 암송을 꾸준히 계속하도록 도와주시며, 당신을 그분의 영광을 위해 사용하여 주시도록 기도하십시오.

당신이 하나님의 말씀을 암송하여 마음 판에 새길 때, 하나님께서 당신을 축복해 주시기를 기도합니다.

주제별 성경 암송

당신도 성경 암송을 할 수 있다!

당신의 기억력은 좋습니다. 당신의 기억력이 나쁘다고 생각하십니까? 잠깐 시험해 볼까요? 당신의 주소, 당신의 전화번호는 무엇입니까? 또 당신의 직업에 관해서 알고 있는 모든 지식에 대해서는 어떻게 생각하십니까? 당신이 기억하고 있는 사람들의 이름에 대해서는 어떻게 생각하십니까? 당신이 좋아하는 운동과 취미에 대해서 기억하고 있는 사건이나 인물들에 대해서는 어떻습니까? 이 같은 것을 볼 때, 결국 당신의 기억력은 아주 좋다는 것을 아실 것입니다. 당신의 관심이 가 있는 것에 대해서 기억하기는 참으로 쉬운 일입니다.

마음가짐에서 차이가 납니다. 기억력이란 좋다 나쁘다 이야기할 성질의 것이 아닙니다. 좋은 기억력이란 하나의 기술에 불과하며, 다른 기술과 마찬가지로 이것도 역시 발전시킬 수 있는 것입니다. 마음에 어떤 태도를 지니고 있는가가 중요합니다. 할 수 있다는 확신과 자신감을 가지고 암송할 때, 암기하는 기술에 발전이 있을 것입니다.

하나님의 도우심에 의존하십시오. 우리에게 격려가 되는 사실은, 우리가 암송하는 것을 하나님께서 도와주신다는 것입니다. 왜냐하면 하나님께서는 그분의 자녀들의 마음에 그분의 말씀이 간직되기를 원하시기 때문입니다. 하나님의 말씀을 우리의 마음에 새기는 것은 하나님의 명령입니다. "오늘날 내가 네게 명하는 이 말씀을 너는 마음에 새기고"(신명기 6:6). "그리스도의 말씀이 너희 속에 풍성히 거하여"(골로새서 3:16).

그러므로 하나님의 도우심을 구하십시오. "내게 능력 주시는 자 안에서 내가 모든 것을 할 수 있느니라"(빌립보서 4:13). 하나님의 능력을 구하십시오. 그리고 '나는 암송할 수 있으며, 또 하나님께서 나를 도와주신다'는 확신을 가지십시오. 하나님의 말씀의 보화를 당신의 것으로 만드는 것은 당신의 삶에서 최고의 영적 경험이 될 것입니다.

성경 암송의 유익점

전도하는 데 확신을 준다. 당신은 어떤 친구에게 예수 그리스도를 증거할 마음이 간절함에도 불구하고 말 한 마디 하지 못한 경험은 없습니까? 그 이유는 당신이 어떻게 시작해야 할지를 모르고 있었기 때문입니다.

오늘날 수많은 사람들이 복음의 핵심이 되는 중요한 성경 구절들을 암송함으로써, 닫힌 입을 열어 그들의 신앙을 전파하는 데 실제적인 도움을 얻고 있습니다. 그들은 다른 사람들을 하나님께로 인도하는 놀라운 경험을 하고 있습니다. 성경 암송은 당신이 훌륭한 그리스도의 증인이 되도록 도와줍니다.

염려를 물리치도록 도와준다. 과거에 대한 후회와 미래에 대한 불안은 많은 그리스도인들을 괴롭히고 있습니다. 불안으로 가득 차 있을 때, 우리의 영적인 삶은 메마르게 됩니다. 당신이 간직한 하나님의 말씀은 당신의 염려를 물리치는 데 도움을 줄 것입니다. 당신은 하나님의 말씀을 마음에 새겨서 당신의 마음을 하나님께 고정시킴으로써 하나님의 완전한 평강을 경험할 수 있습니다.

죄로부터 승리할 수 있게 한다. 당신의 삶 가운데서 어떤 죄에 대해 승리를 간절히 원하면서도 또다시 패배하는 경험을 늘 하고 있지는 않습니까? 아마 당신은 승리의 삶을 마치 이룰 수 없는 하나의 이상과 같이 느끼고 거의 포기한 적도 있을 것입니다. 시편 기자는 "내가 주께 범죄치 아니하려 하여 주의 말씀을 내 마음에 두었나이다"(시편 119:11)라고 하였습니다. 당신의 마음속에 간직한 하나님의 말씀은 사탄과 죄를 대항해서 싸우는 데 유용한 성령의 검입니다. 수많은 그리스도인들은 성경 암송이 매일 승리하는 삶을 사는 열쇠가 된다는 것을 깨달았으며, 또한 당신도 이것을 체험하게 될 것입니다.

우리의 영혼을 위한 양식

암송한 말씀은 마치 약과 같아서 우리의 영적 건강에 필요한 것을 채워 줄 것입니다. 그뿐만 아니라, 우리의 영혼을 위한 영양소로서 우리를 영적으로 건강하게 해줄 것입니다. 육신의 건강이 음식과 식사 습관에 의해 큰 영향을 받듯이, 우리의 영적 건강도 하나님의 말씀을 정기적으로 섭취하는 데 크게 좌우되는 것입니다. 베드로는 이렇게 말했습니다. "갓난아이들같이 순전하고 신령한 젖을 사모하라. 이는 이로 말미암아 너희로 구원에 이르도록 자라게 하려 함이라"(베드로전서 2:2). 성경 암송은 마음의 창고에 양식을 저장하는 것으로 생각할 수 있습니다. 그것은 현재 우리에게 도움을 줄 뿐 아니라, 미래의 필요와 기회에 대비하는 데도 도움이 됩니다.

당신은 왜 성경 암송을 하기를 원하십니까

성경 암송이 당신에게 어떤 도움을 주리라고 기대하십니까? 만약 암송에 대한 충분한 동기를 마음속에 분명히 가지고 있다면 성경 암송에 성공할 수 있을 것입니다. 앞에서 말한 암송의 유익점들을 생각하면서 당신에게 가장 필요한 것을 찾아보십시오. 그것에 밑줄을 긋거나 아래의 여백에 기록하고 자주 그것을 상기하십시오. 다른 이유들이 당신에게 있다면 그것도 기록하십시오. '주제별 성경 암송'의 구절들을 암송할 때 주님께서 이 같은 목표를 성취하도록 도와주실 것입니다.

'주제별 성경 암송'의 개요

본 주제별 성경 암송 소책자는 당신에게 네 가지 중요한 것을 가르쳐 줄 것입니다.

첫째, 성경 구절을 가장 쉽게 암송하는 법

둘째, 암송한 구절을 묵상하며 자신의 생활에 적용하는 법

셋째, 암송한 구절을 항상 가지고 다니면서 복습하는 법

넷째, 이 과정을 마친 후 스스로 성경 암송을 계속하는 법

이 책에서 소개하고 있는 '주제별 성경 암송'은 각각 12구절로 된 5시리즈로 구성되어 있으며, 모두 30주에 걸쳐 암송하게 됩니다. 그 개요를 소개하면 다음과 같습니다.

주제별 성경 암송(60구절)

A. 새로운 삶(제1주-6주)

중심되신 그리스도	고린도후서 5:17	갈라디아서 2:20
그리스도께 순종	로마서 12:1	요한복음 14:21
말씀	디모데후서 3:16	여호수아 1:8
기도	요한복음 15:7	빌립보서 4:6-7
교제	마태복음 18:20	히브리서 10:24-25
증거	마태복음 4:19	로마서 1:16

B. 그리스도를 전파함(제7주-12주)

모든 사람이 죄를 범함	로마서 3:23	이사야 53:6
죄의 형벌	로마서 6:23	히브리서 9:27
그리스도가 형벌을 받음	로마서 5:8	베드로전서 3:18
선행으로 구원받지 못함	에베소서 2:8-9	디도서 3:5
그리스도를 모셔야 함	요한복음 1:12	요한계시록 3:20
구원의 확신	요한일서 5:13	요한복음 5:24

C. 하나님을 의뢰함(제13주-18주)

성령	고린도전서 3:16	고린도전서 2:12
능력	이사야 41:10	빌립보서 4:13
성실	예레미야애가 3:22-23	민수기 23:19
평안	이사야 26:3	베드로전서 5:7
공급	로마서 8:32	빌립보서 4:19
유혹에서 도우심	히브리서 2:18	시편 119:9,11

D. 그리스도 제자의 자격(제19주-24주)

그리스도를 첫자리에 모심	마태복음 6:33	누가복음 9:23
죄에서 떠남	요한일서 2:15-16	로마서 12:2
견고함	고린도전서 15:58	히브리서 12:3
다른 사람을 섬김	마가복음 10:45	고린도후서 4:5
후히 드릴 것	잠언 3:9-10	고린도후서 9:6-7

세계 비전	사도행전 1:8	마태복음 28:19-20

E. 그리스도를 닮아 감(제25주-30주)

사랑	요한복음 13:34-35	요한일서 3:18
겸손	빌립보서 2:3-4	베드로전서 5:5-6
순결	에베소서 5:3	베드로전서 2:11
정직	레위기 19:11	사도행전 24:16
믿음	히브리서 11:6	로마서 4:20-21
선행	갈라디아서 6:9-10	마태복음 5:16

주제를 암송하십시오

본 '주제별 성경 암송'에서는 성경 구절을 주제에 따라 외게 되며, 한 주제에 두 개의 구절이 있습니다. 암송하는 구절의 주제를 함께 암송하는 두 가지 중요한 이유가 있습니다.

첫째, 주제는 구절들을 이해하고 암송하고 복습하는 데 도움을 줍니다.

둘째, 우리가 어떤 구절을 필요로 할 때, 주제는 그 구절을 기억해 내도록 도와주는 갈고리와 같은 역할을 합니다. 주제는 전도나 상담, 또는 성경공부나 설교 준비를 할 때 필요한 구절을 마음에 떠오르게 하는 데 도움이 됩니다.

26-28페이지에 있는 개요는 '주제별 성경 암송'의 전체적인 구조를 보여 주며, 당신이 얼마나 암송했는가를 보여 줄 것입니다. 어떤 구절을 외든지 먼저 전체적인 구조를 파악하는 것은 도움이 됩니다. 일단 개요를 머릿속에 넣어 두면, 암송할 때 주제는 구절들을 연관 지어 생각나게 해줄 것입니다.

그러므로 '주제별 성경 암송'의 개요를 잘 익혀 두고, 또한 성경 구절을 암송할 때 주제도 함께 암송하십시오.

장절을 암송하십시오

만약 당신이 암송한 구절을 성경에서 찾지 못한다면 당신은 그 말씀을 사용하는 데 불편을 느끼게 될 것입니다. 장절을 알고 있으면, 개인적으로 사용할 때나 또는 다른 사람에게 말할 필요가 있을 때 즉시 그 구절을 찾을 수 있게 될 것입니다. 그러므로 마치 장절을 그 구절의 일부인 것처럼 암송하는 것이 중요합니다.

장절을 기억하는 가장 좋은 방법은 그 구절을 욀 때마다 본문 말씀 앞뒤에 장절을 외는 것입니다. 이것은 당신의 마음속에서 장절과 본문을 연관시켜 줌으로써, 장절을 보거나 들을 때마다 그 장절은 그 구절의 내용을 상기시켜 주고, 또한 그 구절의 말씀은 장절을 생각나게 해줄 것입니다. 물론 암송 전후에 장절을 인용하는 규칙은 당신이 암송할 때나 복습할 때만 적용되는 것이고, 다른 사람과 대화할 때나 전도할 때 그렇게 하라는 것은 아닙니다.

한 구절을 암송할 때나 또한 복습할 때 먼저 주제, 다음에 장절, 다음에 본문, 그리고 끝에 다시 장절을 말하는 습관을 들이십시오.

언제 암송하는 것이 좋은가

새로운 구절을 암송할 때는 방해받지 않고 집중해서 할 수 있을 때 암송하는 것이 가장 좋습니다. 일반적으로 암송하는 데 가장 좋은 시간이 하루에 두 번 있습니다. 한 번은 당신이 잠자리에 들기 직전입니다. 그 이유는 당신이 왼 것을 잊지 않도록 해주기 때문입니다. 또 다른 시간은 아침에 일어난 직후입니다. 왜냐하면 그때 당신의 마음은 새로운 것을 가장 잘 받아들이기 때문입니다.

많은 사람들은 아침 경건의 시간 중에 성경 암송을 위한 시간을 따로 떼어 놓습니다. 그 사람들은 하나님과 교제하며 성경 말씀을 암송하는 일로 하루를 시작합니다. 또 다른 사람들은 점심시간이나 저녁 식사 직전에 몇 분 동안 시간을 내어서 암송하는 것이 그들의 하루 일정상 적합한 사람들도 있습니다. 좋은 암송 습관을 들이는 한 가지 방법은 그날의 여가 시간을 이용하는 것입니다. 즉 기다릴 때나 차를 타고 갈 때, 성경 말씀을 암송하거나 복습하거나 묵상하는 것입니다.

하루 중 어떤 시간이 당신이 암송하는 데 가장 좋은 시간인지 시험해 보고 발견하기를 바랍니다.

암송의 속도

양보다 질. '주제별 성경 암송'을 하는 주요 목적은 성공적인 성경 암송을 통해 경건한 삶을 살며, 다른 사람을 섬기기 위한 성서적인 기반을 확립하는 데 있습니다. 그러므로 암송 과정을 성급히 마치려고 하지 마십시오. 양보다는 질이 중요합니다.

일주일에 두 구절. 본 '주제별 성경 암송'에서는 일주일에 두 구절씩 암송하게 됩니다. 성경에서 각 구절의 전후 문맥을 찾아보는 시간을 가지십시오. 또한 그 말씀들을 묵상하는 시간도 가져야 합니다.

꾸준하게 해나가십시오. 만약 당신에게 시간이 더 있어서 더 빨리 나가기를 원한다면 그렇게 할 수도 있습니다. 그러나 암송은 꾸준하게 하는 것이 대단히 중요합니다. 처음에 좋은 암송 습관을 들여야 계속 성공적으로 성경 암송을 해나갈 수 있습니다.

완벽하게 암송하십시오

성경 말씀을 암송하거나 복습할 때는 항상 정확하고 완벽하게 외십시오. 처음 욀 때 그 구절이 당신의 마음속에 명확하고 정확하게 새겨지게 하십시오. 한번 틀리게 암송하면 다시 고치기란 쉽지 않습니다. 구절을 정확하게 암송하는 것이 실제로는 암송하기에도 쉽고, 기억하는 데도 쉬우며, 또한 그 구절을 인용하여 사용하기에도 쉽습니다.

토씨까지 정확하게 암송하는 습관은

● 말씀을 예리하게 마음에 새기게 하고

● 복습을 쉽게 해주고

● 구절들을 사용할 때 확신을 줍니다.

"만일 어떤 일이 정말 할 만한 가치가 있는 것이라면, 정확하게 해야 할 만한 가치도 있다"라는 말이 있습니다. 정확하게 암송하는 습관을 들이도록 하십시오!

시리즈 A. **새로운 삶**

60구절로 된 본 '주제별 성경 암송'은 5시리즈로 되어 있습니다(앞의 개요 참조). 각 시리즈마다 6주제, 12구절로 되어 있습니다. 모든 주제는 그리스도인의 삶의 중요한 영역들과 연관되어 있습니다.

앞으로 6주에 걸쳐 시리즈 A의 12구절을 암송하게 됩니다.

A. 새로운 삶

중심되신 그리스도	고린도후서 5:17	갈라디아서 2:20
그리스도께 순종	로마서 12:1	요한복음 14:21
말씀	디모데후서 3:16	여호수아 1:8
기도	요한복음 15:7	빌립보서 4:6-7
교제	마태복음 18:20	히브리서 10:24-25
증거	마태복음 4:19	로마서 1:16

성경 말씀을 암송하는 방법

● 성경 암송을 시작할 때

1. 매주 성경 암송 지침을 공부하십시오. 이 내용은 크게 도움이 되므로 매주 복습하도록 하십시오.
2. 암송하고자 하는 구절의 전후 구절을 읽으십시오. 이렇게 하면 그 구절의 배경을 이해하는 데 도움이 됩니다.
3. 그 구절의 실제 의미가 무엇인지 분명하게 이해하십시오. 내용을 좀 더 자세히 알기 위해서 다른 번역의 성경을 참조하는 것도 좋습니다.
4. 그 구절을 묵상하면서 여러 번 크게 또는 작게 소리 내어 읽으십시오. 그렇게 하면 그 구절의 전체 내용을 파악할 수 있습니다. 매번 읽을 때마다 주제, 장절, 본문, 그리고 장절을 반복하십시오.
5. 그 말씀을 가지고 기도하십시오. 또 그 말씀을 성공적으로 암송할 수 있도록 주님의 도우심을 구하십시오.

● 암송해 나가는 과정에서

6. 가능한 한 자주 소리를 내어 그 구절을 읽도록 하십시오.
7. 주제와 장절을 먼저 외십시오.

8. 주제와 장절을 외었으면 본문을 외십시오. 본문을 욀 때는 먼저 첫째 마디를 외고, 첫째 마디를 완전히 외었으면, 주제와 장절, 그리고 본문의 첫째 마디까지 여러 번 반복하십시오. 이것이 완전히 숙달되었으면, 그 다음 본문의 둘째 마디를 외십시오. 둘째 마디를 완전히 외었으면, 다시 주제, 장절, 본문의 첫째 마디, 둘째 마디까지를 여러 번 반복하여 줄줄 막힘없이 나올 때까지 외십시오. 계속 이런 식으로 하여 끝까지 외어 나가십시오. 본문을 끝까지 다 외었으면, 처음부터 주제, 장절, 본문, 다시 장절 순으로 여러 번 반복하여 막힘없이 나올 때까지 외십시오.
9. 외부의 방해가 없는 시간을 택하십시오. 잠자리에 들기 직전이라든지, 아침에 일어난 직후의 시간을 택하십시오. 자신이 '저녁형'인지 '아침형'인지, 아니면 기타 어느 형인지를 고려하십시오.
10. 성경 말씀을 외거나 복습할 때는 자신의 실제 삶 가운데서 이 말씀을 어떻게 적용할 수 있을까를 늘 생각하십시오.
11. 주제와 장절을 그 구절의 일부처럼 반드시 함께 외십시오.

● 주제와 장절, 본문, 그리고 장절을 정확하게 암송한 다음

12. 그 구절을 보지 않고 종이에 써보거나 다른 사람 앞에서 외어 보십시오. 이것은 마음에 더 깊이 새겨 주는 역할을 합니다.
13. 암기한 후 처음 며칠 동안은 그 구절을 처음부터 끝까지 자주 되풀이하여 복습하십시오. 이것은 암송한 구절을 마음 깊이 간직하는 데 결정적인 역할을 할 것입니다.
14. 복습! 복습! 복습! 반복해서 복습하는 것만이 그 구절을 계속해서 마음에 간직하며 그 구절을 자유자재로 사용할 수 있는 능력을 유지시키는 최선의 방법입니다.

개인 점검 퀴즈

제4주에 있는 개인 점검 퀴즈를 통해 성경 암송 지침을 얼마나 이해하고 있는지 알 수 있습니다.

《성경 암송 지침-제1주》

시작은 지금부터

암송을 하는 데는 매주 다음 세 가지가 필요합니다.

1. 암송 재료. 암송 카드와 암송 지갑을 손이 닿기 쉬운 편리한 곳에 두십시오. 외출할 때는 암송 지갑을 항상 가지고 다니십시오.

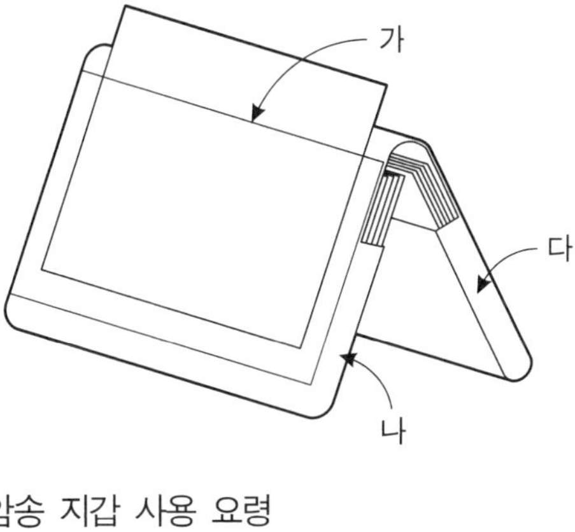

※ 암송 지갑 사용 요령

당신이 가지고 있는 암송 지갑을 보시기 바랍니다. 암송 지갑은 세 부분으로 되어 있습니다. 겉에 있는 투명 비닐로 된 부분은 새로 암송할 구절을 넣어 두는 곳입니다. 그리고 암송 지갑 안쪽에는 두 개의 주머니가 있는 데, 투명 비닐 바로 뒤쪽에 있는 것은 새로 외운 구절을 복습하기 위하여 넣어 두는 곳이고, 그 반대편 주머니는 전에 암송한 구절들을 정기적으로 다시 복습할 때 사용하는 곳입니다.

편의상, 앞으로 투명 비닐 부분을 '가', 투명 비닐 바로 뒤의 주머니를 '나', 그 반대편 주머니를 '다'라고 부르기로 하겠습니다. 그림을 참조하기 바랍니다.

2. 구절 설명. 구절의 의미를 보다 잘 이해하고 암송하고 적용하도록 도와줍니다.
3. 주간 계획. 암송하는 데 실패하지 않고 암송에 한 걸음씩 진보하도록 도와줍니다.

구절 설명

A. 새로운 삶

모든 사람은 육체적인 생명을 가지고 있습니다. 그러나 또한 우리는 예수 그리스도를 구주로 영접함으로써 우리 안에 그리스도의 생명, 즉 새로운 영적 생명을 소유하게 되었습니다.

이 새로운 삶은 수레바퀴를 예로 들어 설명할 수 있습니다(그림 참조).

수레바퀴는 움직이는 힘을 축으로부터 받습니다. 그리스도는 바로 이 축으로서, 그리스도인의 삶을 살게 하는 능력과 동력의 원천입니다(요한복음 15:5 참조). 그리스도는 성령으로서 우리 안에 살아 계시며, 성령의 목적은 그리스도께 영광을 돌리는 것입니다(요한복음 16:13-14).

수레바퀴의 테는 바로 우리의 삶을 의미합니다. 즉, 전심으로 주님께 순종함으로써 그리스도의 주님 되심을 인정하는 그리스도인의 삶을 보여 주는 것입니다. 또 그러한 순종은 수레바퀴로 표현된 그리스도 중심의 생활의 다른 요소들과 연결되어 있습니다.

바퀴의 살들은 그리스도의 능력이 우리 삶에 임하게 하는 방법을 보여 줍니다. 수직의 살은 우리와 주님과의 관계에 관한 것이고, 수평의 살은 우리와 다른 사람들과의 관계를 보여 줍니다. 수레바퀴는 살이 모두 있을 뿐 아니라 균형을 이루고 있을 때 정상적인 기능을 발휘합니다.

주제 1. 중심되신 그리스도

바퀴를 구르게 하는 힘이 축으로부터 나오는 것같이, 그리스도인의 삶을 살게 하는 힘은 그리스도로부터 나오는 것입니다. 우리가 새로운 삶을 사는 것은 새로운 결심을 함으로써 되는 것이 아니고, 다만 우리가 적극적으로 주님을 의지할 때 주님께서 우리로 하여금 하나님을 기쁘시게 하는 삶을 살 수 있도록 해주십니다.

● 고린도후서 5:17. 그리스도 안에 있는 삶은 완전히 새로운 것이며, 주님께서 함께하심으로써 우리는 완전히 새로운 차원의 삶을 살게 됩니다. 우리가 주님을 알아 가며 주님의 능력이 우리의 삶 가운데 나타남에 따라, 우리의 옛 야망, 관점, 가치관 등은 변화되어 갑니다.

● 갈라디아서 2:20. 우리가 그리스도 안에 있을 뿐 아니라, 또한 그분도 우리 안에 계십니다. 이 두 가지 사실은 우리가 주님과 친밀하고도 즐거운 교제를 갖게 된 것을 보여 줍니다. 믿음으로 우리는 그리스도의 죽으심과 부활하심에 동참한 것입니다. 우리는 그분을 의지하여 그분의 생명 안에 살고, 그분은 우리 안에 사시는 것입니다.

주간 계획

1. 고린도후서 5:17과 갈라디아서 2:20을 암송 지갑의 투명 비닐('가') 속에 넣되, 고린도후서 5:17이 밖으로 보이게 하십시오.
2. 앞에서 제시한 성경 암송 방법에 따라, 월요일과 화요일에는 첫째 구절인 고린도후서 5:17을 외십시오. 만일 집중해서 왼다면 5-10분이면 완벽하게 욀 수 있을 것입니다. 가능한 한 월요일 일찍 그 구절을 외고, 마음속에 깊이 새겨질 수 있도록 월요일과 화요일에 걸쳐 자주 복습하십시오.
3. 수요일에는 고린도후서 5:17과 갈라디아서 2:20을 서로 바꾸어 넣으십시오. 가능한 한 빨리 갈라디아서 2:20을 왼 다음, 수요일과 목요일에 걸쳐 자주 복습하십시오. 그리고 고린도후서 5:17도 아울러 복습하십시오. 금요일과 토요일에는 두 구절을 함께 복습하십시오.
4. 성경 구절을 외거나 복습할 때는 항상 주제, 장절, 본문, 그리고 장절 순으로 말하십시오. 예를 들면, "중심되신 그리스도, 고린도후서 5:17, 그런즉 누구든지 그리스도 안에 있으면 새로운 피조물이라. 이전 것은 지나갔으니, 보라 새것이 되었도다. 고린도후서 5:17"과 같이 합니다.

5. 각 카드의 왼편 아래에 있는 대문자 A는 그 구절이 '주제별 성경 암송'의 시리즈 A에 해당하는 것을 말해 줍니다. 그리고 아라비아 숫자 1-12는 그 시리즈 안에 있는 카드들의 순서를 나타내 주고 있기 때문에 욀 필요가 없습니다.

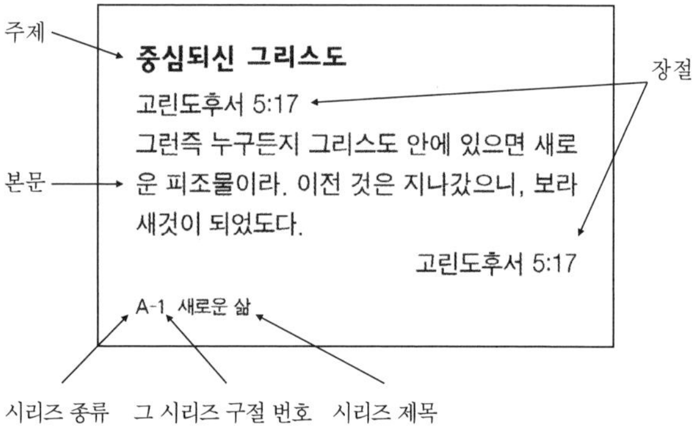

6. 주말까지는 새로 왼 구절들을 써보거나 다른 사람 앞에서 외어 보아, 정확하게 암송했는지 점검해 보십시오. 카드를 보지 않고, 한 군데도 틀리지 않고 암송할 수 있어야 합니다. 또, 떠듬떠듬 외어서는 안 되고, 막힘없이 완벽하게 외어야 합니다.
7. 다음에 나오는 성경 암송 방법 퀴즈를 하십시오.

"내가 전심으로 주를 찾았사오니, 주의 계명에서 떠나지 말게 하소서. 내가 주께 범죄치 아니하려 하여 주의 말씀을 내 마음에 두었나이다. …내가 주의 법도를 묵상하며 주의 도에 주의하며." 시편 119:10,11,15

성경 암송 방법 퀴즈

앞에서 소개한 성경 암송 방법 중 적어도 여섯 가지 이상을 적어 보십시오.

《 성경 암송 지침 - 제2주 》

구절 설명

주제 2. 그리스도께 순종

예수님께서는 우리의 순종이 곧 그분의 주님 되심을 인정하는 것이라고 말씀하셨습니다. "너희는 나를 불러, '주여, 주여' 하면서도 어찌하여 나의 말하는 것을 행치 아니하느냐?"(누가복음 6:46). 매일매일의 삶 가운데서 그분의 뜻에 순종함으로써 우리는 주님으로서의 그분의 권위를 실제로 인정하게 되는 것입니다.

● 로마서 12:1. 이 말씀은 우리에게 하나님의 지배 아래 우리 자신을 맡김으로써 그분의 주님 되심을 인정하도록 촉구하고 있습니다. 그분은 피 값으로 우리를 사셨으므로(고린도전서 6:20), 이것은 우리가 마땅히 해야 할 바입니다. 우리는 그분께 굴복하고 순종함으로써 우리를 향한 그분의 뜻이 모든 면에서 선하고 완전하다는 것을 알게 됩니다.

● 요한복음 14:21. 예수님의 말씀에 대한 순종은 예수님을 향한 우리의 사랑의 증거라고 예수님께서는 말씀하셨습니다. "나의 계명을 가지고 지키는 자라야 나를 사랑하는 자다." 그리고 우리는 그분의 계명을 지킬 수 있

기 전에 먼저 그분의 계명을 가져야 합니다. 다시 말해서, 성경 말씀을 통해서 그분이 무엇이라고 말씀하시는가를 알아야 하는 것입니다. 이것이 바로 성경 말씀이 중요한 이유입니다. 다음 주에 이 '말씀'에 관한 두 구절을 외게 됩니다.

주간 계획

1. 로마서 12:1과 요한복음 14:21을 암송 지갑의 '가'에, 로마서 12:1이 밖으로 보이게 넣으십시오.
2. 지난주에 왼 고린도후서 5:17과 갈라디아서 2:20은 암송 지갑의 '나'에 넣고, 매일 복습하십시오.
3. 첫째 주와 마찬가지 방법으로, 월요일과 화요일에는 로마서 12:1, 수요일과 목요일에는 요한복음 14:21을 외고, 금요일과 토요일에는 두 구절을 함께 복습하십시오.
4. 새로운 구절을 외는 데 가장 좋은 시간은 잠자리에 들기 직전과 아침 기상 직후라는 것을 기억하십시오.
5. 항상 암송 지갑을 가지고 다니면서 틈이 날 때마다 복습과 묵상을 하십시오.
6. 주말에는 새로 암송한 두 구절을 보지 않고 써보든지 다른 사람 앞에서 외어 보아 완벽하게 암송했는지 점검하십시오.

《성경 암송 지침-제3주》

구절 설명

주제 3. 말씀

성경은 실제 생활에서 그리스도인의 삶의 기초가 됩니다. 우리는 성경으로부터 우리의 삶의 참된 기초가 되시는 예수 그리스도를 배우기 때문입니다.

● 디모데후서 3:16. 모든 성경은 하나님의 감동으로 되었습니다. 베드로는 이렇게 말했습니다. "먼저 알 것은 경의 모든 예언은 사사로이 풀 것이 아니니, 예언은 언제든지 사람의 뜻으로 낸 것이 아니요, 오직 성령의 감동하심을 입은 사람들이 하나님께 받아 말한 것임이니라"(베드로후서 1:20-21). 모든 성경은 진리를 가르치고, 잘못을 책망하고, 허물을 고쳐 주고, 의로 교육하기에 유익합니다. 하나님께서 우리에게 말씀을 주신 것은, 우리의 지식을 늘리라고 주신 것이 아니요 그 말씀을 따라 살라고 주신 것입니다.

● 여호수아 1:8. 하나님께서는 그분의 말씀을 따라 행하는 자들은 형통하게 될 것을 약속하고 계십니다. 말씀을 삶에 적용하는 첫 단계는 말씀을 계속 묵상하는 것입니다. 묵상이란 마음속으로 그 말씀을 이모저모로 깊이

생각해 보는 것입니다. 본 '주제별 성경 암송' 과정에서 암송하는 구절들을 자신의 실생활에 적용하려는 목적을 가지고 깊이 묵상하는 습관을 기르십시오.

주간 계획

1. 디모데후서 3:16과 여호수아 1:8을 암송 지갑의 '가'에 넣으십시오. 그리고 로마서 12:1과 요한복음 14:21은 암송 지갑의 '나'에 순서대로 넣으십시오.
2. 이미 암송한 구절들을 매일 복습하고, 새로운 두 구절을 암송하십시오. 두 번째 구절을 외기 전에 반드시 먼저 첫 번째 구절을 완벽하게 외도록 하십시오.
3. 새로운 구절을 암송할 때, 그 구절의 뜻을 생각하면서 써보면 더 빨리 욀 수 있습니다. 암송을 할 때는 가능한 모든 감각 기관을 최대로 활용하십시오.
4. 항상 주제, 장절, 본문, 그리고 장절 순으로 말하십시오.
5. 주말까지는 새로운 구절들을 보지 않고 써보든지 다른 사람 앞에서 외어 보아 정확하게 암송했는지 확인해 보십시오.

《성경 암송 지침-제4주》

구절 설명

주제 4. 기도

하늘에 계신 하나님 아버지와 직접 의사소통을 할 수 있다는 것은 하나님의 자녀가 가진 놀라운 특권입니다. 그러므로 하나님의 보좌 앞에 담대히 나아가 구하십시오. "그러므로 우리가 긍휼하심을 받고 때를 따라 돕는 은혜를 얻기 위하여 은혜의 보좌 앞에 담대히 나아갈 것이니라"(히브리서 4:16).

● 요한복음 15:7. 이 구절은 기도 응답을 받는 두 가지 조건을 제시하고 있습니다. 첫째, 그리스도 안에 거해야 합니다. 즉 주님과 정상적인 교제를 유지해야 합니다. 둘째, 주님의 말씀이 우리 안에 거해야 합니다. 즉, 마음속에 주님의 말씀을 간직하여 그 말씀을 따라 살아야 합니다.

● 빌립보서 4:6-7. 염려를 이기는 하나님의 방법은 기도입니다. 우리는 종종 '이것은 너무 사소하고 세속적인 것이기 때문에 기도할 수 없다'고 생각하는 수가 있는데, 이것은 잘못된 생각입니다. 하나님께서는 우리에게 특별한 기도를 원하고 계시는데, 그것은 곧

감사함으로 구하는 것입니다. 모든 일에 대해서, 즉 형통할 때뿐 아니라 어려움 가운데서도 하나님께 감사하는 것을 배우십시오. 감사의 기도는 염려를 물리칩니다.

주간 계획

1. 지난주와 마찬가지로 요한복음 15:7과 빌립보서 4:6-7을 암송 지갑의 '가'에 넣으십시오. 그리고 디모데후서 3:16과 여호수아 1:8은 암송 지갑의 '나'에 순서대로 넣으십시오.
2. 암송 지갑을 가지고 다니면서 시간이 날 때마다 복습하고 묵상하십시오.
3. 복습할 때는 주제만 보든지, 또는 주제와 장절만 보십시오. 본문의 첫 마디를 슬쩍 훔쳐보지 마십시오. 자꾸 본문의 첫 마디를 훔쳐보게 되면, 나중에 그 구절을 기억해 내기가 더 어렵게 됩니다.
4. 주말까지는 새로 암송한 두 구절을 보지 않고 써보든지 다른 사람 앞에서 외어 보아 잘 암송했는지 점검하십시오.
5. 개인 점검 퀴즈를 하십시오.

성경 암송 개인 점검 퀴즈

아래 문제들은 본 과정에서 가르치는 성경 암송 원리를 당신이 얼마나 이해했는지를 알아보는 데 도움이 될 것입니다. 정답은 문제의 끝부분에 있습니다.

1. 성경 말씀을 암송하는 것은 우리의 영혼을 살찌게 하는 것이며, 또한 미래에 필요한 것들을 우리 마음의 창고에 저장하는 것이라 할 수 있다.

   옳다( )　　그르다( )

2. 서로 관련되는 답을 찾아 빈칸에 그 번호를 쓰십시오.

   가. ______ 주간 계획의 지시 사항을 주의 깊게 지키는 것은

   나. ______ 그 구절들에 대한 구절 설명과 성경에서 전후 구절을 읽어 보는 것은

   다. ______ 이미 암송한 구절들은

   라. ______ 본문 전후로 장절을 말하는 것은

   마. ______ 구절들을 외기 전에 '주제별 성경 암송'의 전체적인 개요를 잘 알아 두는 것은

   바. ______ 암송한 구절을 써보는 것은

   사. ______ 항상 암송 지갑을 가지고 다니는 것은

   아. ______ 복습할 때 그 구절의 첫 마디를 슬쩍 훔쳐 보는 것은

(1) 그 구절의 배경을 이해하는 데 도움이 되며, 그 구절을 보다 의미 있게 하고 또한 그 구절을 보다 쉽게 기억하여 사용할 수 있게 한다.

(2) 틈틈이 나는 짬을 이용해 복습하고 묵상할 수 있도록 해준다.

(3) 그 구절에 대한 선명한 인상을 주며, 암송의 진도를 알려 준다.

(4) 암송이 단계적으로 진보하는 것을 도와주며, 중단하는 위험을 막아 준다.

(5) 후에 당신이 암송한 구절을 기억해 내는 데 방해가 된다.

(6) 그 구절들이 성경 어디에 있는지 기억해 내는 데 도움이 된다.

(7) 마음에 더 깊이 새겨 주는 역할을 한다.

(8) 암송 지갑 안에 넣어 두어야 한다.

3. 마음 가운데 성경 암송을 하는 명확한 이유 또는 동기를 갖는 것이 중요한 까닭은 무엇입니까?

가. ______ 이러한 목표가 달성되었을 때 그것을 확인하기에 좋으므로

나. ______ 암송하는 일에 자부심을 가질 수 있으므로

다. ______ 이러한 이유들은 암송할 마음을 불러일으키고 암송을 성공적으로 하는 데 도움을 주

기 때문에

4. 성경 암송에 성공하는 것은 전적으로 우리 자신의 능력과 신념에 좌우된다.

옳다( ) 그르다( )

5. 구절과 함께 주제를 외는 것은?

가. _____ 이 암송 과정에서 해도 좋고 안 해도 좋다.

나. _____ 우리가 필요로 할 때 암송한 구절 중 어떤 구절을 끄집어내는 데 크게 도움이 된다.

다. _____ 암송이 더 어렵게 되므로 정신 훈련이 되기 때문이다.

6. 말씀을 완벽하게 암송하는 것이 좋은 이유는? (맞는 답에 모두 표하십시오.)

가. _____ 우리로 하여금 그 구절을 자세히 관찰하도록 해주기 때문이다.

나. _____ 우리 마음에 보다 명료한 인상을 주며, 그 구절들을 보다 쉽게 기억해 내게 해주기 때문이다.

다. _____ 보다 쉽게 복습하도록 해주기 때문이다.

라. _____ 다른 사람에게 자신의 성경 지식을 나타내는 데 도움이 되기 때문이다.

마. _____ 우리가 그 구절을 사용하는 데 자신감을 주기 때문이다.

7. 일주일에 두 구절만을 암송하도록 권면하는 이유는? (맞는 답을 모두 고르십시오.)

가. _____ 그 구절들의 전후 문맥을 살펴볼 충분한 시간을 제공해 주기 때문이다.

나. _____ 그 구절들을 묵상할 시간과 삶에 적용할 시간을 주기 때문이다.

다. _____ 암송 과정을 너무 빨리 끝내지 않도록 해주기 때문이다.

라. _____ 성경 암송을 계속하는 좋은 습관을 계발시켜 주고, 성공적으로 성경 암송을 하는 데 도움을 주기 때문이다.

마. _____ 암송하는 데 있어서 과학적으로 증명된 가장 알맞은 분량이기 때문이다.

8. 아침 일찍 암송을 시작할 수 있는 가장 좋은 방법은 아침 경건의 시간의 일부로 암송을 포함시키는 것이다.

옳다( ) 그르다( )

〈정답〉 1. 옳다 2. 가-4, 나-1, 다-8, 라-6, 마-3, 바-7, 사-2, 아-5 3. 다 4. 그르다 5. 나 6. 나,다,마 7. 가,나,라 8. 옳다

《성경 암송 지침 - 제5주》

구절 설명

주제 5. 교제

그리스도께 순종하는 그리스도인은 다른 신자들과 교제를 가지려고 적극적으로 노력할 것입니다. 우리는 모두 한 몸의 지체들로서 서로 밀접한 관계를 가지고 있으며 상호의존적입니다. 이것은 하나님께서 계획하신 바입니다. "너희는 그리스도의 몸이요 지체의 각 부분이라"(고린도전서 12:27). "그러므로… 너희가 외인도 아니요 손도 아니요 오직 성도들과 동일한 시민이요 하나님의 권속이라"(에베소서 2:19).

우리 모두에게는 그리스도인의 교제를 통해서만 얻을 수 있는 격려와 훈계, 그리고 훈련이 필요합니다. 초대교회의 신자들은 이와 같은 교제를 필수적인 것으로 생각했습니다. "저희가 사도의 가르침을 받아 서로 교제하며 떡을 떼며 기도하기를 전혀 힘쓰니라"(사도행전 2:42).

● 마태복음 18:20. 참된 그리스도인의 교제는 주 예수 그리스도를 중심으로 하여 이루어집니다. 이것은 사교생활 이상의 것입니다. 이러한 교제를 나누기 위해 다른 신자들과 함께할 때, 예수님 자신도 우리와 함께하신다고

말씀하셨습니다.

● 히브리서 10:24-25. 우리는 정기적인 교제를 통하여 서로 사랑과 선행을 격려해야 합니다. 다른 그리스도인들과의 교제를 통해서 우리의 믿음과 순종의 삶은 서로 격려와 영향을 받습니다.

주간 계획

1. 마태복음 18:20과 히브리서 10:24-25을 암송 지갑의 '가'에 넣으십시오. 요한복음 15:7과 빌립보서 4:6-7은 암송 지갑의 '나'에 순서대로 넣으십시오.
2. 새로운 두 구절을 외고, 암송 지갑 안에 있는 구절들을 계속해서 매일 복습하십시오. 시간을 많이 투자하면 할수록 그 유익도 많아집니다.
3. 본문을 욀 때 반드시 주제와 장절을 함께 외도록 하고, 또 떠듬떠듬 하지 않고 완전무결하게 암송하는 습관을 기르십시오. 틈틈이 나는 짬을 이용하여 복습과 묵상을 하십시오.
4. 주말까지는 새로 암송한 구절들을 써보든지 다른 사람 앞에서 외어 보아 정확하게 암송했는지 점검하십시오.

《성경 암송 지침-제6주》

구절 설명

주제 6. 증거

하나님께서는 우리 모든 그리스도인들에게 아직 그리스도를 믿지 않는 사람들에게 복음을 전하는 특권과 의무를 주셨습니다. 우리는 예수 그리스도의 증인으로서 이 땅에 살고 있습니다.

● 마태복음 4:19. 예수님께서는 두 어부에게 무엇과도 비교할 수 없는 가장 가치 있는 일인, 사람을 낚는 어부가 되라고 도전을 하셨습니다. 우리가 어떤 일에 종사하고 있든지 간에, 예수님께서는 우리가 자기를 따르기를 원하시며, 다른 사람들에게 복음을 전하는 일에 자기와 함께하기를 원하십니다.

● 로마서 1:16. 예수 그리스도의 증인으로서 우리는 인간적인 두려움을 극복하고 그분을 증거해야 합니다. 우리는 인간의 필요에 대한 유일하고도 참된 해결책이며 하나님의 구원의 능력이 되는 복음을 담대하게 전해야 합니다. "누구든지 사람 앞에서 나를 시인하면 나도 하늘에 계신 내 아버지 앞에서 저를 시인할 것이요"(마태복음 10:32)라고 예수님께서는 말씀하셨습니다.

그리고 "첫째는 유대인에게요 또한 헬라인에게로다"라는 말은 복음이 유대인과 헬라인에게만 해당된다는 의미가 아니라 이 세상 모든 사람을 위한 것이라는 의미입니다.

주간 계획

1. 마태복음 4:19과 로마서 1:16을 암송 지갑의 '가'에 넣으십시오. 그리고 지난주에 왼 마태복음 18:20과 히브리서 10:24-25은 암송 지갑의 '나'에 넣으십시오.
2. 암송 지갑 안에 있는 구절들을 계속해서 매일 적어도 한 번 이상 복습하십시오.
3. 가끔 다른 사람에게 당신이 암송한 구절들을 모두 점검받아, 자기도 모르게 잘못 암송하고 있는 것이 없도록 하십시오. 이것은 서로에게 축복이 되며, 만일 상대방이 암송을 하고 있지 않다면 그에게는 도전이 될 것입니다.
4. 주말까지는 새로 왼 두 구절을 써보든지 다른 사람 앞에서 암송함으로써 점검을 받으십시오.
5. 이제 당신의 암송 지갑에는 시리즈 A에 속한 12개의 카드가 들어 있게 됩니다. 이렇게 해서 당신은 '주제별 성경 암송'의 첫 부분을 다 마쳤습니다. 축하합니다.

✽ 네비게이토 소책자 시리즈 ✽

1. 성경암송을 통하여 주님께로 돌아오다 …… 도슨 트로트맨
2. 시대의 요청 …… 도슨 트로트맨
3. 재생산을 위한 출생 …… 도슨 트로트맨
4. 수레바퀴 예화 …… 네비게이토
5. 일대일 사역 …… 잭 그리핀

6. 제자의 특징 …… 론 쌔니
7. 하나님의 뜻을 아는 법 …… 러쓰 존스톤
8. 기도의 하루를 보내는 방법 …… 론 쌔니
9. 기도 응답을 받는 방법 …… 제리 브릿지즈
10. 경건한 여인 …… 라일라 스팍스

11. 전도를 즐기는 삶 …… 하진승
12. 섬김을 위한 부르심 …… 레이 호
13. 정 직 …… 헬렌 애쉬커
14. 그리스도를 닮아감 …… 짐 화이트
15. 최후의 승리를 얻기까지 …… 월터 헨릭슨

16. 전도의 열정 …… 로버트 콜만
17. 영적인 의지력 …… 제리 브릿지즈
18. 사고방식의 변화 …… 조지 산체스
19. 대인 관계의 성서적 지침 …… 조지 산체스
20. 말씀의 손 예화 …… 네비게이토

21. 열 심 …… 하진승
22. 원만한 결혼 생활 …… 잭 & 캐롤 메이홀
23. 조지 뮐러 …… A.심즈
24. 말씀 중심의 삶 …… 하진승
25. 주제별 성경 암송 제1권 …… 네비게이토

26. 주제별 성경 암송 제2권 …… 네비게이토
27. 주제별 성경 암송 제3권 …… 네비게이토
28. 서로 돌아보아 …… 하진승
29. 양 육 …… 네비게이토
30. 경건이란 무엇인가 …… 제리 브릿지즈

31. 권위와 복종 …… 론 쌔니
32. 고난 중 도우시는 하나님 …… 샌디 에드먼슨
33. 기도의 특권을 누리자 …… 하진승
34. 은혜로운 말 …… 캐롤 메이홀
35. 하나님을 의뢰함 …… 제리 브릿지즈

36. 친밀한 부부 관계의 원리 …… 짐 & 제리 화이트
37. 배우는 자로 살자 …… 하진승
38. 합력하여 선을 이루시는 하나님 …… 리처드 크렌즈
39. 고난 중의 소망 …… 덕 스팍스
40. 청년의 시기를 어떻게 보낼 것인가 …… 하진승

❀ 네비게이토 소책자 시리즈 ❀

41. 약속을 주장하는 삶 ········· 덕 스팍스
42. 경건의 시간을 갖는 법 ········· 워렌 & 룻 마이어즈
43. 개인의 중요성 ········· 론 쌔니
44. 헌 신 ········· 로버트 보드만
45. 내가 배운 교훈들 ········· 오스왈드 샌더스

46. 하나님의 말씀은 ········· 하진승
47. 현숙한 여인 ········· 신시아 힐드
48. 어떻게 친구를 사귈 것인가 ········· 제리 & 메리 화이트
49. 외로움을 느낄 때 ········· 엘리자베스 엘리엇
50. 하나님께서는 당신의 직업을 귀히 여기신다 ··· 셔먼 & 헨드릭스

51. 자녀의 자부심을 키워 주는 법 ········· 게리 스몰리 & 존 트렌트
52. 직장 생활에서 낙심될 때 ········· 덕 셔먼
53. 스트레스를 다루는 법 ········· 단 워릭
54. 서로 의견이 엇갈릴 때 ········· 잭 & 캐롤 메이홀
55. 그리스도인의 삶의 올바른 동기 ········· 하진승

56. 나를 기뻐하시며 사랑하시는 하나님 ········· 룻 마이어즈
57. 제자삼는 삶의 동기력 ········· 짐 화이트
58. 기도-보이지 않는 적과의 싸움 ········· 제리 브릿지즈
59. 효과적인 간증 ········· 데이브 도슨
60. 감격하며 살아야 할 그리스도인 ········· 하진승

61. 믿음의 경주 ········· 잭슨 양
62. 사도 바울의 영적 지도력 ········· 오스왈드 샌더스
63. CARE ········· 하진승
64. 참 특이한 기도(PPP: Pretty Peculiar Prayers) ······ 하진승
65. 모세의 순종 ········· 윙킴톡

66. 상급으로 주신 자녀 ········· 하진승
67. 하나님께서 쓰시는 사람 ········· 월터 헨릭슨
68. 기도의 본 ········· 워렌 & 룻 마이어즈
69. 다윗의 한 가지 소원 ········· 조이스 터너
70. 생명을 구하는 삶 ········· 피터슨 & 드렐켈드

71. 순종의 축복 ········· 마르다 대처
72. 참 좋으신 하나님 아버지 ········· 리로이 아임스
73. 하늘에 보물을 쌓는 삶 ········· 잭 메이홀
74. 거룩: 하나님께 성별된 삶 ········· 헬렌 애쉬커

주제별 성경 암송
제1권

1987년 12월 24일 초판 1쇄 발행
2012년 1월 20일 개정 1쇄 발행
2017년 3월 25일 개정 2쇄 발행

펴낸곳: 네비게이토 출판사 ⓒ
주소: 03784 서울시 서대문구 연희로 16 (창천동)
전화: 334-3305(대표), 334-3037(주문), FAX: 334-3119
홈페이지: http://navpress.co.kr
출판등록: 제10-111호(1973년 3월 12일)
ISBN 978-89-375-0434-1 02230